RADE DE PANAMA. — MOUILLAGE DE FLAMENCO.

COMMENT FUT FONDÉE
LA RÉPUBLIQUE DE L'ÉQUATEUR

I

Lorsqu'en 1492 Christophe Colomb eut découvert le nouveau monde, les Espagnols s'y établirent, non pour coloniser le pays et y implanter les bienfaits de la civilisation, mais pour en exploiter et épuiser les ressources, en faisant peser sur les naturels, *Indios bravos*, jusqu'alors indépendants et libres, le joug le plus cruel. Ce régime d'oppression et d'iniquité subsista pendant trois siècles et au delà. Le territoire au pouvoir des Espagnols se partageait en trois provinces : à l'est, la capitainerie générale de la petite Venise (Venezuela), ainsi nommée à cause de ses villages riverains du lac de Maracaïbo, bâtis sur pilotis, avec sa capitale, Caracas; à l'ouest, la vice-royauté de la Nouvelle-Grenade, et dont la capitale, était Bogota; au sud-ouest, l'intendance de Riobamba, ayant pour chef-lieu la ville de même nom, qui fut détruite par un tremblement de terre en 1797, et remplacée comme importance par San Francisco de Quito.

Il semblait que la tyrannie espagnole dans l'Amérique du Sud y fût capable de braver toutes les conspirations et toutes les révoltes. L'échec des soulèvements tentés à plusieurs reprises paraissait sanctionner à jamais le despotisme des conquistadores et de leurs descendants. A la fin du dix-huitième siècle, pourtant, un homme se rencontra qui crut à la possibilité d'affranchir les populations sud-américaines opprimées et fut bien près de réussir dans son œuvre hardie de délivrance du pays. Il s'appelait François Miranda et descendait d'une des plus anciennes familles de colons espagnols du Guatemala. Entré tout jeune dans les troupes de cette capitainerie, il prit part à un complot qui avorta et fut forcé de quitter la colonie. N'ayant plus d'autre pensée que de rendre la liberté à ses compatriotes et à tous les États tenus en sujétion par l'Espagne dans le nouveau monde, il s'efforça de gagner à sa cause les grandes puissances de l'Europe.

L'impératrice de Russie et le cabinet de Saint-James lui firent un accueil favorable et examinèrent ses projets avec intérêt et attention. Au commencement de la Révolution française, il entra en négociation avec l'Assemblée nationale, qui se montrait également disposée à seconder ses plans d'insurrection générale de l'Amérique du Sud. Traduit devant le tribunal révolutionnaire, après la chute des Girondins, et accusé de complicité avec Dumouriez, il se justifia et fut acquitté. Sa valeur ne saurait être mise en doute, pas plus que ses talents stratégiques, mais il manquait d'expérience. Très ardent, très franc d'idées, il s'exprima si ouvertement contre la conduite de la Convention et contre les actes du 18 fructidor qu'il fut une seconde fois décrété d'arrestation, mais il parvint à se sauver en Angleterre.

De retour à Paris en 1803, il espéra pouvoir convertir le premier consul à son rêve de l'émancipation sud-américaine. Bonaparte n'y prêta point l'oreille; seulement il s'en souvint quand il eut élaboré sa campagne d'Espagne. Pour porter à celle-ci un coup fatal, le moyen le plus sûr était de détacher d'elle ses colonies d'Amérique et de faire des provinces de Bogota, de Caracas et de Quito le berceau de leur liberté. Napoléon travailla très activement dans ce sens. Il s'entendit secrètement avec les gouverneurs de ces provinces, à qui il promit la sauvegarde de leurs fonctions et prérogatives. Mais le peuple sud-américain déjoua ces manœuvres : on chassa les agents de Napoléon et menaça de mort nos nationaux.

A la même époque, les juntes espagnoles envoyèrent de leur côté des émissaires en Nouvelle-Grenade et à Caracas. Les délégués de la métropole apportaient aux colonies des promesses et des ordonnances royales. On crut d'abord à leur bonne foi, mais ils trahirent bientôt leurs intentions réelles par leurs mutuelles accusations. Caracas réclama, dans ces conditions, une junte provinciale qui lui fut énergiquement refusée par le capitaine général. Quito ne tint pas compte de cette opposition officielle et élut, en 1809, une Convention (junte provinciale). Le peuple, jusqu'alors fidèle à la métropole, n'aurait pas adhéré à ce premier mouvement d'indépendance, si la junte centrale d'Espagne n'avait drainé toute la richesse de la colonie pour alimenter le trésor espagnol, en vue de la résistance à la France. Les 90 millions de piastres expédiés en Europe par la Colombie, les mesures maladroites prises par les vice-rois et les capitaines généraux pour maintenir leur suprématie de satrapes, l'approbation donnée à la junte de Caracas par les notables de Santa-Fé de Bogota, enfin et surtout l'intervention armée du vice-roi du Pérou, qui s'empara de Quito, pilla la ville, massacra les membres de la junte, provoquèrent un soulèvement général.

En 1810, la junte suprême de Caracas proclama la déchéance de toute l'administration espagnole. L'insuccès de l'Espagne dans la guerre contre Napoléon ne fit que favoriser la révolution coloniale. A Bogota, un conflit entre les indigènes et les vieux Espagnols détermina, la même année, la création d'une seconde junte. Cependant, les révolutionnaires ne demandaient qu'une réforme de l'organisation administrative et l'égalité des créoles avec les Espagnols devant la loi. La régence de Cadix, mal renseignée de loin, ne crut qu'à une émeute facile à maîtriser, mit

Caracas en état de siège et se persuada que les fauteurs de la révolte ne tarderaient pas à tomber en ses mains. Ce fut alors que Miranda leva l'étendard de la liberté. A sa voix se forma la légion des patriotes. Par-

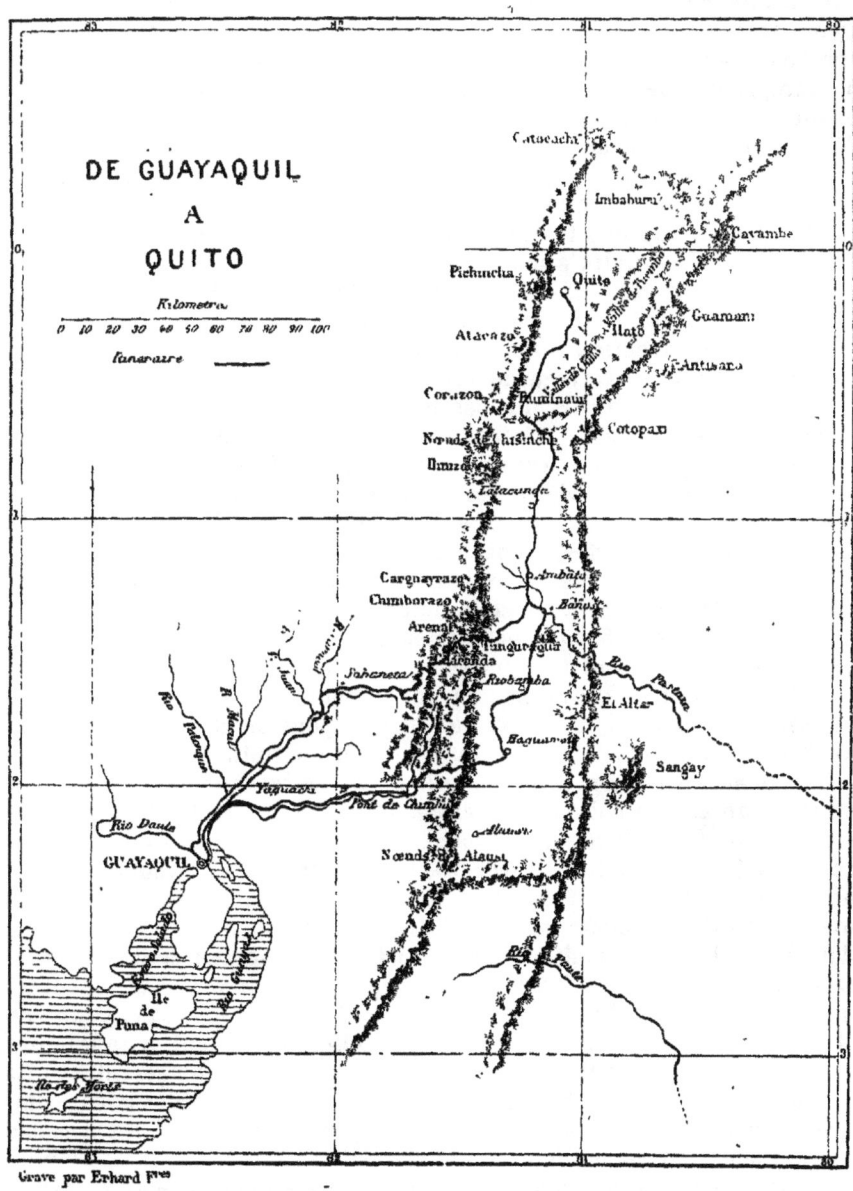

tout se réunirent des juntes qui s'assemblèrent, le 2 mars 1811, en un congrès général auquel toutes les villes du Venezuela, Caracas, Cumana, Varinas, Barcelona, Merido, Truxillo, Margarita déléguèrent des représentants.

Le 5 juillet 1811, Miranda, élu généralissime des troupes vénézuéliennes, proclama la république. Le 23 décembre, il obligea les Espagnols, restés maîtres de Valencia, à capituler, et le 23 décembre, le congrès vota une constitution fédérale analogue à celle des Etats-Unis.

La victoire de la Révolution aurait été définitive sans une circonstance que le meilleur chef d'armée n'aurait pu prévoir. Le 26 mars 1812, un tremblement de terre dévasta tout le Venezuela. Les prêtres, qui n'avaient pas abandonné la cause de la métropole, profitèrent de cette calamité pour impressionner fortement les esprits, toujours superstitieux, en l'attribuant à un châtiment infligé par le ciel. Le peuple et beaucoup de soldats désertèrent les drapeaux de Miranda pour se ranger sous ceux de Monteverde, commandant de l'armée espagnole. Ce dernier, aidé par la trahison, obligea Miranda en quelques semaines à changer plusieurs fois ses positions. Une nouvelle trahison fit tomber Puerto Cabello au pouvoir de Monteverde. Une capitulation fut signée par Miranda, avec le consentement du pouvoir exécutif de la République, le 26 août 1812. Il livrait ses principales places : la Guaira, Caracas, Barcelona, Cumana, contre une amnistie sans exception, l'approbation d'une constitution vénézuélienne par les Cortès, et la sauvegarde des personnes et des biens. Mais à peine les républicains eurent-ils mis bas les armes qu'on les chargea de fers. Miranda et les autres patriotes furent transportés en Espagne. On les y incarcéra. Miranda mourut en prison (janvier 1816). Pendant ce temps la réaction, au mépris de toutes les promesses et de tous les engagements, ouvrit une ère de terreur au Venezuela. Tous les républicains qui n'avaient pas été déportés furent condamnés aux travaux forcés ou à mort.

A Bogota, les événements avaient suivi le même cours. La Nouvelle-Grenade s'était, en 1810, déclarée autonome, en dépossédant le vice-roi don Amar, qui s'embarqua pour l'Espagne avec tous les fonctionnaires de son administration. Les juntes colombiennes, réunies également en congrès, avaient pris les rênes du gouvernement. Le gouverneur de la province Popayau, don Tacas, qui croyait pouvoir étouffer la révolte, avait subi une défaite écrasante et dû prendre la fuite. A Quito, le peuple exaspéré aurait fait un carnage de la garnison espagnole, si elle n'avait quitté la ville. A la suite d'un manifeste de la junte de Carthagène, une constitution fédérale avait été votée, mais les membres du Congrès rencontrèrent certaines divergences de vues. La province de Cundinamarca ne voulait pas du pacte fédéral, et réclamait son autonomie personnelle avec Santa-Fé de Bogota pour capitale. Ce fut le signal de la guerre civile dans la Nouvelle-Grenade. L'armée du Congrès marcha contre celle de Bogota, commandée par Narino, assiégea la ville et la prit. Mais ce succès ne dura qu'un jour. Les Espagnols, venus du Pérou, sous la conduite de Montès, battirent les troupes fédérales à Quito, exercèrent de sanglantes représailles, ravagèrent tout le pays environnant et se dirigèrent ensuite à marches forcées sur Bogota. Les juntes, un moment désunies, comprirent que c'en était fait de la République colombienne. Elles reformèrent leur faisceau en appelant Narino à la dictature par le choix unanime des partis. Il fut d'abord heureux, défit les Espagnols en plusieurs rencontres et leur reprit successivement toutes ses positions, mais, en juin 1814, le nouveau général nommé par l'Espagne, Aymeric, grâce à d'importants renforts, surprit Narino et le fit prisonnier avec tout son état-major. Presque tous furent fusillés; on n'épargna que le dictateur, qui fut envoyé à Cadix. La République de la Nouvelle-Grenade, comme celle du Venezuela, succombait.

Au vrai, l'insurrection vaincue n'avait désarmé sur aucun des points. Le Libérateur — *el Libertador* — allait bientôt paraître.

II

Simon Bolivar, né à Caracas, le 24 juillet 1783, d'une famille noble et riche, était le neveu du marquis de Palacios. Après avoir fait de brillantes études de droit à Madrid il avait voyagé en France, en Italie, en Suisse, en Allemagne et s'était lié avec Humboldt et Bonpland. Pendant son séjour à Paris, il avait suivi les cours de l'École polytechnique. L'avènement de Napoléon Ier au trône impérial lui fit croire, comme avait fait Miranda, que la France pourrait donner la liberté à l'Amérique du Sud; mais, tout en concevant ce plan, il voulut acquérir les moyens de le réaliser, et voir de près, aux États-Unis, le mécanisme des institutions républicaines. Le soulèvement de Caracas, en 1810, le trouva dans les rangs de l'indépendance. La junte l'envoya à Londres, d'où il revint avec un transport d'armes. Miranda le choisit parmi ses officiers d'élite; ils se battirent côte à côte, et, après la défaite, Bolivar put se réfugier à Curaçao. Il n'y resta que fort peu de temps et courut rejoindre les républicains de la Nouvelle-Grenade. Il devint l'âme de la Révolution après la défaite de Miranda et de Narino. A la tête d'une petite troupe de volontaires, il franchit les Andes et battit les Espagnols à Cucuta et à la Grita. Les horreurs commises par les royalistes lui amenèrent des milliers de partisans. Avec eux il remporta des victoires successives et força enfin Monteverde à capituler à Caracas. Saloman, puis Josueta, qui prirent le commandement des forces espagnoles, ne reculèrent devant aucune cruauté. Ce fut une guerre d'extermination d'autant plus implacable que les esclaves y prirent part. Des deux côtés, la tuerie sans merci se renouvela sans relâche, n'épargnant ni les femmes, ni les enfants. Un jour, Bolivar fit massacrer 900 Espagnols prisonniers; le lendemain, le gouverneur de Puerto Cabello passait par les armes plusieurs centaines de patriotes. Le général espagnol Boves avait recouvré la possession de tout le Venezuela; la province de Cundimarca faisait cause commune avec lui; il n'y avait pour Bolivar qu'un moyen de salut : c'était d'entrer dans Bogota.

Sur ces entrefaites, Ferdinand VII était remonté sur le trône d'Espagne. Dès le commencement de 1815, il s'occupa d'anéantir la rébellion des colonies sud-américaines. 10,000 hommes de troupes aguerries partirent sous les ordres du général Morillo. A peine débarquées, ils marchèrent sur la Nouvelle-Grenade; le 5 décembre 1815, Carthagène dut leur ouvrir ses portes, ensuite Bogota en juin 1816. Le sang coula partout. Cependant Moralès, envoyé par Morillo pour soumettre le Venezuela, y eut affaire aux guerillas d'Arismondi et de Bolivar qui, avec les débris de l'armée républicaine de Carthagène, s'était réfugié à Haïti. Sa jonction avec Piar, un des généraux de l'armée insurgée, lui donna l'avantage. En novembre 1817, le Congrès du Venezuela, reconstitué à Angostura, confia la présidence de la République à Bolivar.

Les succès des patriotes se précipitèrent dès lors. En 1818 et 1819, les États-Unis et l'Angleterre leur fournirent un contingent d'armes, de provisions et surtout d'officiers expérimentés. En 1819, Bolivar entreprend le passage des Andes couvertes de neige, enlève aux Espagnols leur forte position de Gurà, les bat à Sagamoso, à Patano de Borgos, à Boyaca, et opère enfin son entrée à Bogota, où affluent vers lui les secours. Le 14 décembre 1819, le congrès de Venezuela prend la résolution de fonder sous le nom de Colombie la république-unie du Sud-Amérique (Venezuela et Nouvelle-Grenade). Bolivar consolide son pouvoir par de nouveaux triomphes. Il est réélu président, organise la victoire, fait adopter les mesures les plus sages, affranchit les esclaves, concourt à l'indépendance de Panama, à celle de Quito (victoire de Pinchincha, 24 mai 1823), détruit la flotte espagnole commandée par Laborde (24 juillet 1823), oblige l'ennemi à évacuer Maracaïbo, et, le 1er décembre de la même année, contraint la citadelle de Puerto Cabello à capituler.

Nous ne raconterons pas ici comment de si brillants résultats eurent un fatal lendemain, comment le libérateur, calomnié, menacé du poignard des sicaires ennemis, après avoir formé le projet d'affranchir également le Pérou et la Bolivie, succomba finalement aux machinations de ses adversaires et dut résigner le pouvoir en se condamnant lui-même à l'exil. Lorsqu'il expira, le 17 décembre 1830, après avoir fait un dernier appel à la concorde : « Union! union! ou l'hydre des discussions nous dévorera », ce qu'il redoutait était déjà un fait accompli. Le vice-président Santander, pour qui la tâche était trop lourde, ne put endiguer le courant que son imprudence avait déchaîné. Le parti de la centralisation, dont Bolivar avait été le chef, se vit aux prises avec les séparatistes fédéralistes que Santander croyait pouvoir diriger. Le lien, encore faible, des intérêts communs se brisa; Paez avait rompu, en 1828, le pacte qui rattachait le Venezuela à la Nouvelle-Grenade. Le 11 septembre 1830, Quito suivait cet exemple.

Ainsi furent morcelés ces Etats-Unis de Colombie rêvés par Miranda et réalisés par Bolivar. Au lieu de constituer une puissance qui, si les desseins du Libertador n'avaient pas été traversés, aurait pu rivaliser un jour avec l'Amérique du Nord, ils se fractionnèrent en trois petites républiques rivales, jalouses l'une de l'autre, ayant chacune moins de population que la Belgique, réduite chacune à ses ressources insuffisantes et dévorée chacune par sa dette publique. Ainsi fut créé cet Etat indépendant traversé par l'équateur, qui lui donne son nom. Son rôle aurait probablement été considérable dans l'histoire du nouveau monde si les luttes funestes des partis n'avaient, deux fois en moins d'un siècle, détruit les deux généreuses conceptions qui travaillaient à sa prospérité : celle de Bolivar et celle de Garcia Moreno. Malheureusement les peuples, ceux du Sud-Amérique principalement, aveuglés par les passions politiques, vouent à leurs bienfaiteurs vivants des sentiments de défiance et de haine quand ils devraient les combler de reconnaissance. Ils ne voient la grandeur de ces hommes et de leur œuvre qu'après leur mort. En 1842, le Congrès de la Nouvelle-Grenade ramena solennellement à Caracas les cendres du Washington de l'Amérique du Sud. Des délégués de toutes les républiques dont il avait cimenté l'union assistaient à cette cérémonie, et des discours éloquents exprimèrent les regrets de ne pas l'avoir compris. Son cercueil repose sous l'arc de triomphe qu'on lui a érigé. Mais les républiques restent désunies, proie facile pour qui les convoite.

Charles SIMOND.

LES PLATEAUX ENTRE RIOBAMBA ET AMBATO.

DE GUAYAQUIL A QUITO [1]

I

GUAYAQUIL.

Le *Bolivia* se trouvait en vue du cap Sainte-Hélène, le doublait dans l'après-midi, et jetait l'ancre à la nuit tombante par le travers de la grande île de Puna, à l'embouchure du rio Guayas. Le lendemain, dès l'aube, le pilote accostait, et, poussés par la marée, nous remontions le fleuve.

Je voyais pour la première fois un cours d'eau de l'Amérique équatoriale, un des plus humble en vérité, dont la trace s'aperçoit à peine sur les cartes. Cependant l'impression éprouvée fut très vive. Je connaissais plusieurs grands fleuves : le Mississipi, pour l'avoir parcouru depuis son delta jusqu'au Missouri, le Saint-Laurent et, dans les contrées intertropicales, le Gange, l'Iraouaddy, le Salouen. Aucun ne pouvait être comparé à ce que j'avais sous les yeux. Le flot, les rives, le ciel, la lumière elle-même, rien ne remuait en moi le souvenir d'une chose déjà vue. C'était sur la terre, sur l'eau, dans les parfums épars, la pâleur lactée des nuées courant sur un ciel rose, les frissons, les lointaines rumeurs de

[1] Extrait de l'ouvrage de Marcel MONNIER, *Des Andes au Para*. (Paris, librairie Plon.)

cette nature à peine éveillée, je ne sais quoi de magistral, de doux et de menaçant tout à la fois, la manifestation tranquille de la grandeur et de la force.

Depuis, l'occasion devait m'être bien souvent offerte d'assister à de tels spectacles. Mais, sans doute, la faute en est à l'habitude, qui émousse la faculté admirative : nul, parmi les plus surprenants, ne m'a fait oublier l'intensité de cette impression première.

L' « ARRIERO » MANOEL.

Le majestueux Guayas n'est pas long. Son cours n'excède guère une cinquantaine de milles, à compter du point où il reçoit le dernier de ses tributaires. Ces affluents, dont les principaux sont les rios Vinces, Palenque, Daule, Zapotal, Caracol et Yaguachi, n'ont eux-mêmes, comme toutes les rivières qui sous cette latitude descendent au Pacifique, qu'un développement assez restreint. Mais ils amènent de la Cordillère des courants énormes alimentés tant par la fonte des neiges que par les orages quotidiens qui crèvent sur les hauts plateaux. Confondus dans un même lit, ils

GUAYAQUIL VUE DE LA RIVIÈRE.

forment un fleuve aussi large que le Mississipi à la Nouvelle-Orléans, aux rives plates couvertes de jungles et de forêts presque toujours inondées, au point de rendre incertaine la ligne de démarcation entre la terre et les eaux. Toutefois, ce qui le distingue, c'est moins son volume et l'exubérante végétation de ses bords que le nombre et la nature des épaves charriées par les flots jaunes.

On le croirait moucheté d'îles : il semble que l'on s'engage dans un archipel inextricable, et l'on se demande comment le navire parviendra à s'y frayer un passage. Mais celui-ci poursuit sa route, sans jamais dévier pour éviter l'obstacle. Nul risque de s'échouer. Tout cela flotte. Le chenal tour à tour s'étrangle et s'élargit ; les îles s'égrènent, s'enchevêtrent et se débrouillent, l'archipel entier tourbillonne au gré du courant. Ce sont là autant de parcelles du continent, débris de halliers, lambeaux de prairie arrachés au passage par la rivière dans sa partie torrentielle : le réseau serré des racines en prévient la dislocation, les soutient comme une corbeille posée sur l'eau ; et, par milliers, ces esquifs singuliers descendent lentement vers la mer pour aller se perdre au large avec tout ce qu'ils portent, buissons fleuris, herbes et lianes, arbustes encore droits sur leur tige, branches chargées de fruits, nids pleins d'oiseaux.

Au bout de trois heures, au delà d'un dernier coude de la rivière, une ligne de constructions légères, de maisons peintes, se dessinait sur la rive droite.

A distance et vue du pont d'un navire, la capitale commerciale de l'Equateur est plutôt séduisante, surtout sous la blonde lumière du matin. Un beau quai, le long duquel court une file de bâtiments à toits plats, dont le rez-de-chaussée s'abrite dans la pénombre d'une haute colonnade, les campaniles des églises et des couvents, le bariolage des édifices se détachant sur la verdure d'une colline isolée qui ferme l'horizon du côté du nord, tout ce paysage a de la couleur et de la gaieté.

Des embarcations de pêche, trois ou quatre voiliers, la coque défraîchie, les vergues noires, dans le négligé de voyageurs qui viennent de doubler le cap Horn ; quelques petits vapeurs de rivière portant les couleurs équatoriennes, jaune, bleu et rouge, telle était pour le quart d'heure la clientèle du port. Elle y avait ses coudées franches et tenait peu de place sur la nappe immense du fleuve.

Sur la rive opposée, pas une âme. Rien que la prairie et les bois, et, sur ces pâturages à demi submergés, chevaux, mules et bœufs enfouis jusqu'à la croupe dans l'herbe haute. A l'arrière-plan, dans une échancrure de nuages, se dresse la Cordillère lointaine.

Un instant même, le rideau de vapeurs en suspens au fond de l'horizon s'abaissa, et là-bas, dans le ciel, si haut qu'on eût pu la prendre pour quelque étoile attardée, apparut une pointe étincelante, le Chimborazo.

Aussitôt débarqués, adieu l'illusion. A la place du quai monumental, un cloaque coupé de fondrières, de mares où nagent des détritus de toutes sortes : noix de coco, écorces, pelures, futailles vides ; un entassement de caisses brisées, de rails tordus, de charpentes et de ferrailles hors d'usage. La somptueuse colonnade est très mal en point. Les maisons chancellent sur les arcades affaissées. Elles penchent de-ci de-là, faisant la révérence, s'étayant l'une l'autre comme des matelots en goguettes. Rien de complet, rien de définitif ; de belles rues dallées et, à deux pas de là, un carrefour où l'herbe croît ; un bout de square joliment dessiné, mais hirsute, mal peigné, envahi déjà par la végétation folle. Planant sur le tout, une impalpable poussière, quand le temps est beau, ou des effluves infects, après la pluie.

Et pourtant il serait injuste d'appeler Guayaquil une ville laide, et d'imputer à la seule incurie de ses habitants des imperfections qui sont les conséquences inévitables du climat. L'humidité de l'atmosphère et la fécondité du sol sont deux forces dissolvantes qui impriment bien vite aux choses les plus neuves un air d'abandon et de ruine. A moins d'entretenir, tous les dix pas, une escouade de travailleurs constamment occupés à épiler la voie publique, celle-ci prendra en quelques jours, malgré la circulation active, une apparence de pâturage. Ce sont là les petits désagréments d'un pays où la puissance d'expansion végétale est telle qu'on pourrait presque, en y regardant de près, voir l'herbe pousser.

Beaucoup de maisons ont bonne apparence. La toilette est pimpante, l'alignement correct, le fard éclatant. Celles-là font leur entrée dans le monde. On peut jurer que le menuisier et le peintre ne sont pas loin. Du maçon il n'est pas question. Le terrain, mou comme une éponge, supporterait difficilement le poids de la pierre. Toutes sont en bois, toujours très dur, résistant à l'action des insectes et de l'humidité, parfois d'essence précieuse. La plupart, véritables trompe-l'œil, sont enluminées de manière à simuler les assises, le grain du moellon, les veines du marbre. A Guayaquil, une maison en construction fait un peu l'effet d'un grand parasol piqué en terre. Au rebours de ce qui se passe ailleurs, la première partie achevée est la toiture. On enfonce les longs pieux sur lesquels elle doit reposer, après quoi l'architecte et l'ouvrier s'occupent de se mettre à l'abri du soleil et des ondées. Cela fait, ils procéderont tout à loisir au montage et à l'ajustage des parties inférieures. La légèreté des parois, l'absence complète de croisées partout remplacées par des persiennes mobiles ouvrant sur une véranda, font de ces résidences, moins d'intimes retraites fermées aux indiscrets que des demeures à claire-voie, d'où le bruit des conversations, les rires, les sons du piano, les voix féminines arrivent aux oreilles du passant comme un caquetage d'oiseaux d'une volière.

Si la disposition du logis a sa raison d'être dans un pays tropical, nulle part, en revanche, le costume des classes aisées et riches n'est aussi peu en harmonie avec le climat. La redingote noire et le chapeau à haute forme n'ont que faire évidemment sous le ciel équatorial. Telle est pourtant l'impitoyable mode qui proscrit ici le vêtement blanc, d'un usage universel aux Indes. Le dirai-je ! ce rigorisme m'a paru attester non point un raffinement d'élégance, mais le désir louable, bien qu'inavoué, d'économiser le blanchissage. Il s'attaque même au malheureux chapeau de paille, ce panama légendaire dont le prix varie de cinq cents francs à quinze sous, tissé par les paysans des provinces de Manabi, d'Esmeraldas, et dans certains villages du Pérou, partout enfin sauf à Panama. La société semble avoir à cœur d'affirmer, par la coupe de ses vêtements, ses liens de parenté avec l'Europe. Quant à la population indienne ou métisse, elle se distingue par la sobriété de ses atours : le couvre-chef de paille et le *poncho* constituent toute sa garde-robe.

Les représentants de la race indigène qui errent par la ville ne s'adonnent à aucun métier régulier et tiennent généralement le travail, quel qu'il soit, en médiocre estime. Une occupation pourtant est en honneur parmi eux, c'est le transport et la vente de l'eau à domicile. Encore ce transport est-il effectué à dos de bourrique, le porteur d'eau se contentant de trotter nonchalamment par derrière en criant sa marchandise. Détail à noter : si la plupart des conducteurs n'ont que peu ou point de culotte, les ânes en revanche portent des pantalons, bleus, blancs, à carreaux, parfois même une sorte de jaquette, bref, un habillement complet qui les garantit contre les morsures des terribles moustiques. Cette sollicitude du propriétaire pour sa bête est d'autant plus touchante qu'il professe à l'égard de son propre cuir la plus stoïque indifférence.

L'activité commerciale a pour principal foyer le quai et les rues adjacentes. Dans la pénombre des grands bazars échelonnés le long du fleuve, sous les arcades, sur les trottoirs de planches, au milieu de la chaussée, c'est, du matin au soir, un brouhaha continuel : *arrieros* excitant leurs mules, rixes entre portefaix, bruits de marteaux, craquement de caisses éventrées. C'est de là que, chaque année, plusieurs millions de kilogrammes de cacao sont expédiés vers l'Europe, là que sont disposées en menus ballots les marchandises destinées à approvisionner l'habitant des hautes terres. Les voies de communication sont telles qu'il est indispensable de réduire les colis de poids et de volume. Ceux qui dépasseraient une longueur de quatre-vingts centimètres, sur quarante de large et vingt-cinq d'épaisseur, franchiraient difficilement certains passages. Deux de ces ballots recouverts d'enveloppes imperméables et capitonnés de paille forment la charge d'une mule.

Il est vrai qu'on a vu accomplir plus d'une fois, avec succès, le tour de force consistant à faire arriver jusqu'à Quito un piano. Mais sans parler des avaries auxquelles il était exposé pendant le trajet, le transport fait à bras nécessitait quinze ou vingt hommes,

UN « AGUADOR » A GUAYAQUIL.

et le prix de revient du plus modeste instrument rendu à destination atteignait quinze à dix-huit cents piastres-papier, environ cinq mille francs. C'est payer bien cher de médiocre musique.

Les relations entre la côte et la Sierra, presque impraticables durant la saison pluvieuse, sont rétablies de la fin d'avril au commencement de décembre. Aussi, comme les beaux jours sont proches, le ban et l'arrière-ban des vendeurs, des commis et des emballeurs est-il sur les dents.

Guayaquil n'est pas une cité oisive, encore moins une ville de plaisir. C'est un entrepôt, le point de départ pour la capitale. Mais le voyage n'est pas ce qu'un vain peuple pense. Il se complique non pas seulement de la distance, laquelle en ligne directe n'excède pas cent lieues, mais encore de la différence de niveau. Guayaquil à demi noyé, Venise sans canaux, est moins favorisé que la reine de l'Adriatique, reliée à la terre ferme par une chaussée et un chemin de fer. Ici, rien de pareil. La ville, des quatre points du compas, n'est accessible que par eau. Elle gît sur un sol détrempé, mouvant, à trois mètres au-dessus du niveau de la mer, alors que l'altitude de Quito varie, selon les quartiers, de deux mille huit cent cinquante à trois mille et quelques mètres.

Pour atteindre la métropole, l'une des plus élevées de la terre, il faut d'abord remonter pendant un jour ou deux, suivant la saison, le fleuve et l'un de ses affluents jusqu'au moment où le cours d'eau devient cascade, c'est-à-dire jusqu'à la base de la Sierra. Alors commence l'escalade à dos de mule, par des sentiers extraordinaires. Les passages varient d'une époque à l'autre. Ainsi, pour le moment, le plus direct, celui qui franchit le col de l'Arenal ou du Chimborazo, à une altitude d'environ cinq mille mètres, est inabordable. Il me faudra, en inclinant vers l'est, faire un détour plus long de deux ou trois journées. Le chemin sera toujours exécrable, mais je passerai, quitte à revenir par la route ordinaire si, comme on me le fait craindre, je suis contraint de regagner la côte devant l'impossibilité dûment constatée d'organiser, du plateau de Quito, mon expédition à l'intérieur du continent.

Si l'on m'invitait à rédiger, pour un dictionnaire géographique, le paragraphe concernant Guayaquil, je crois qu'il pourrait être condensé comme il suit :

Guayaquil. — Ville et port de l'Équateur, par 2° 11′ 25″ de latitude sud et 1° 12′ 40″ de longitude ouest. Population : 25,000 habitants. Productions : cacao, fièvre jaune et révolutions.

Ce dernier article est de beaucoup le plus abondant sur le marché. La révolution sévit à l'état endémique, et la ville étant la clef du pays, tous les efforts des insurgés doivent tendre à s'en emparer. Une fois maîtres du magasin aux provisions, le territoire est à leur merci. Or, quel que soit le gouvernement en vigueur, il y a infailliblement une armée de ces insurgés tenant la campagne. On les désigne sous le terme générique de *montoneros*, — « homme de rien » (du substantif *monton*, — tas, ramassis). Le propre de ces fâcheux est d'aspirer, non pas précisément à s'emparer de ce qui ne leur appartient pas, mais plutôt à reconquérir ce que leur enleva le sort des batailles. Il ne faut pas perdre de vue qu'avant d'être hors la loi, ils ont, à une époque antérieure, personnifié le gouvernement légal, alors que les détenteurs actuels du pouvoir étaient de simples conspirateurs; révolutionnaires aujourd'hui, ils redeviendront demain les plus fermes défenseurs de l'ordre et de la Constitution. Ce petit jeu de bascule n'est pas déplaisant à suivre, notamment pour celui qui n'a pas d'intérêt en souffrance, point d'affaires engagées sur la place, en un mot pour le particulier complètement détaché des soucis matériels, pour le philosophe et le moraliste. Mais l'espèce en est rare. Au demeurant, ces discordes civiles n'excitent pas autrement l'émotion. Si l'insurrection a le dessus et se prépare à faire dans la ville une entrée triomphale, les étrangers s'estiment suffisamment protégés par le drapeau de leur pays arboré au-dessus de la maison. Toutefois, les personnes méticuleuses poussent plus loin la prévoyance et, non contentes de hisser le pavillon au moment critique, ont recours à une inscription permanente tracée en caractères gigantesques. C'est ainsi qu'on peut voir, sur beaucoup de façades, s'étaler en lettres multicolores ces avis au lecteur : *Propriedad francesa* — *Propriedad inglesa* — *Propriedad italiana*, etc., etc.

Guayaquil est bâti sur une langue de terre resserrée entre le fleuve et un bras de mer étroit, sinueux, s'enfonçant sous des forêts de mangliers pendant une vingtaine de lieues. On le nomme l'Estero Salado. L'eau du fleuve est bourbeuse, mais elle est douce et elle lave. Celle de l'Estero Salado est verdâtre, un peu moins limoneuse: elle est salée et ne lave point. On y accède en traversant une plaine marécageuse sur un rudiment de tramway remorqué par une mule. Une estrade en partie pourrie et quelques cabines forment tout l'établissement. Là, matin et soir, la société trempe. C'est le rendez-vous fashionable : on y vient en toilette, les senoras drapées dans leur plus fine mantille, les caballeros sanglés dans les redingotes les mieux ajustés. Il y a une buvette où l'on consomme de la limonade et du lait de coco. Le site, blotti dans l'ombre, est délicieux, mais un peu mélancolique, et fait songer plutôt à la noyade d'Ophélie qu'aux ébats des nymphes.

Si ce n'est pour aller à l'église ou au bain, la femme fait peu de toilette et quitte rarement la maison. Elle passe sa journée dans le hamac, enveloppée d'un long peignoir, les cheveux dénoués tombant sur les épaules, entourée de ses enfants ou de quelques intimes.

Gardons-nous de juger l'Équatorienne sur les apparences et de nous fier à ces dehors indolents. Il n'est peut-être pas de société créole où la femme ait adopté un genre de vie aussi sérieux, se montre plus attachée à ses devoirs de mère et d'épouse. A la différence de ce qu'on observe dans la plupart des contrées intertropicales, où les mœurs ne sont rien moins qu'austères, où la vie d'intérieur est chose presque inconnue, elle possède à un haut degré l'amour de la famille, le goût d'une existence non point sévère, mais digne. C'est la compagne fidèle et dévouée, le plus

GUAYAQUIL, VUE DE « LAS PENAS ».

souvent très supérieure au mari, dont elle partage avec une remarquable sérénité la bonne ou la mauvaise fortune. D'un courage qui

QUITO. — VUE GÉNÉRALE.

va jusqu'à l'intrépidité, elle n'hésitera pas à risquer sa vie pour les siens : les annales des guerres civiles abondent en épisodes attestant sa force d'âme et sa valeur. Cette énergie de caractère dont plus d'un voyageur a été frappé mérite d'être signalée, en raison même de sa rareté sous des latitudes où l'on a peine à réagir contre l'influence alanguissante du climat.

Mes préparatifs enfin terminés, les renseignements indispensables obtenus, il ne me restait qu'à me dérober aux prédictions plus ou moins maussades de mésaventures inévitables, en pleine période pluvieuse, sur les pentes de la Sierra. Une occasion se présentait de me rendre autrement qu'en pirogue jusqu'au hameau de Yaguachi, sur le rio Chimbo, au delà duquel je devais poursuivre ma route par terre. Une chaloupe à vapeur allait partir, remorquant un chaland de charbon destiné au petit chemin de fer long d'une huitaine de lieues qui relie la rivière à la base de la montagne, en desservant plusieurs cultures de cacao. Je résolus d'en profiter. J'emmenais avec moi comme domestique un *meztizo claro* répondant au nom de Feliz Ortiz, dont le concours me serait précieux pour assurer les moyens de transport sur l'itinéraire peu fréquenté que m'imposait la saison.

La matinée était d'une splendeur et d'une limpidité bien rares à la fin de mars, qui coïncide ordinairement avec les dernières grandes pluies. Le quai, les maisons peintes de Guayaquil eurent bientôt disparu sous l'horizon brouillé de verdure et d'eau. En dépit de la charge accrochée au flanc de notre minuscule vapeur, nous avancions assez vite, aidés par la marée. Le fleuve s'étalait, coupé d'îles basses, pour la plupart inhabitées. Pas une éminence, pas un renflement ne rompait l'uniformité des rives. Partout le silence, plus imposant encore dans la clarté crue de midi. De loin en loin seulement, un toit de paille pointait au-dessus de la berge à l'ombre grêle des palmes, tellement enfoui sous les hautes herbes, les bananiers aux larges feuilles, qu'il avait à peine forme d'habitation humaine. On eût dit la carapace de quelque animal monstrueux tapi dans la jungle. Sur les deux bords, çà et là, des caïmans vautrés dans la vase dormaient au soleil, la gueule grande ouverte. Par moments, l'un d'eux, surpris par le flot qui montait, relevait soudain la tête, battait l'air de sa queue énorme et faisait le plongeon. La rivière en est infestée. De tout côté on les voit venir à fleur d'eau pour respirer : chatouillés par la balle d'une carabine, ils exécutent un saut de carpe, soulevant une gerbe liquide qui retombe en pluie au loin. Des vols d'aigrettes blanches rasaient la terre. En certains endroits, ces ravissants oiseaux s'abattaient par bandes et, posés à la pointe des joncs, donnaient, sous le ciel tropical, l'illusion d'un champ de neige.

Au bout de quatre heures, nous avions atteint le confluent du rio Chimbo, et notre marche, jusque-là favorisée par le flux, se ralentit. Bientôt même il devint impossible de lutter contre l'action combinée du jusant et du courant. La machine faisait rage, soufflait, s'épuisait en vains efforts. Nous n'avancions plus d'une ligne. Quelques minutes plus tard nous perdions du terrain. Il fallut abandonner la remorque. Le chaland de charbon fut amarré à un arbre en attendant qu'on pût venir le reprendre au retour du flot. Ainsi allégés, nous repartions et, comme le soleil se couchait, débarquions devant le modeste hangar qui sert de *terminus* à l'unique voie ferrée de l'Équateur. Une demi-douzaine de huttes en bambou et en chaume occupaient l'étroite bande de terre comprise entre la rivière et la lisière des bois. C'était là le village de Yaguachi, habité par des métis cultivant le cacaotier sur les propriétés voisines. Les drôles, bien qu'en contact quotidien avec la grande messagère de la civilisation, la vapeur, m'ont paru d'un naturel plutôt défiant et hostile, en contraste manifeste avec les traditions hospitalières de ces contrées. Ce fut à grand'peine et en employant la menace que nous parvînmes à obtenir un gîte, je veux dire la simple faculté de suspendre nos hamacs à deux travées. L'installation et le souper, éclairés par une lampe primitive alimentée à l'huile de coco, n'en furent pas moins gais, et la nuit, à part l'invasion cuisante de milliers de moustiques, se passa sans encombre.

Au bout de deux heures le train s'arrêtait, parvenu à l'extrémité de la ligne, presque au pied d'une magnifique cascade qui se précipitait d'un rocher à pic à travers un réseau de lianes fleuries. Point de village. Une simple cabane. Le convoi ne vient jusqu'ici que pour renouveler sa provision d'eau et confier quelques balles de marchandises aux bons soins des muletiers. Il fallut me séparer de mes aimables compagnons. Les adieux furent brefs, mais émus. On se pressa la main avec l'effusion de gens qui pensent ne jamais se revoir. Le temps de décrocher et de ratteler la machine, et le wagonnet disparaissait, me laissant dans la boue jusqu'à mi-jambes à l'entrée d'une gorge profonde où mugissait le rio Chimbo. De tous côtés, sur les pentes, la futaie géante et drue. Une dizaine de mules maigres attendaient, flanquées de leurs arrieros, gaillards trapus au masque glabre, aux grands yeux noirs très calmes. Ils vinrent offrir leurs services, avec ce salut de l'Indien civilisé qui rappelle les formules de politesse japonaises ou le *tchin-tchin* des fils du Ciel. Je jetai mon dévolu sur un personnage à la chevelure mérovingienne qui déclarait se nommer Manoel Ortiz, posséder trois bêtes de premier ordre, assurait-il, et ne desespérait pas de me conduire, dans ce galant équipage, jusqu'à la bourgade d'Ambato, distante d'une soixantaine de lieues. De ce point à Quito, le voyage en terrain découvert ne présente plus de difficultés et peut s'achever à cheval. Après d'assez longs pourparlers, le marché se trouva conclu, dont acte fut dressé, non par-devant notaire, mais pas les soins du fonctionnaire préposé au maintien de la prise d'eau du chemin de fer, de la passerelle établie sur le torrent et du bon ordre en général. Voici la traduction textuelle de ce document :

« *Moi, Manoel Ortiz, je reconnais avoir contracté avec le señor Don Marcel Monnier, pour la location de trois bêtes, deux de selle et une de charge, au prix de trente-trois pesos, moyennant lequel prix que je tiens dans la main, je promets de le conduire sain et sauf jusqu'à la cité d'Ambato, s'il plaît à Dieu.* »

Au bas de ce reçu, notre homme apposa, en guise de signature, un hiéroglyphe fantaisiste qui représentait, au gré du lecteur, une croix, un trèfle à quatre feuilles ou un oiseau.

II

SAN PABLO

L'hacienda de San Pablo, où je me proposais de passer la nuit, est plus que modeste.

Il est bon, avant d'aller plus loin, de s'expliquer nettement au sujet de ce terme d'*hacienda*, qui reviendra plusieurs fois sous ma plume et pourrait éveiller dans l'esprit du lecteur l'idée d'une demeure d'aspect seigneurial, tenant de la ferme et du manoir, où le châtelain entouré des raffinements du confort moderne, au centre d'une propriété vaste comme une province, vit au milieu de serviteurs de tout sexe et de toute nuance, de chevaux de race et de troupeaux innombrables. Ce serait exagérer beaucoup la réalité. Sans doute, des établissements de ce genre, considérables sinon luxueux dans le sens que nous attachons à ce mot, existent ailleurs que dans les livres. Encore sont-ils rares et les rencontre-t-on de préférence à proximité des villes ou des voies de communication fluviales et maritimes, qui seules permettent l'installation d'un gros matériel, le développement des travaux agricoles, l'exportation des produits. Tout autre est la résidence de l'*hacendado* vulgaire. Ce n'est, dans bien des cas, qu'une misérable bâtisse en torchis dont ferait fi le dernier de nos paysans. Telle quelle, elle commande parfois, il est vrai, surtout sur les hauts plateaux, une grande industrie pastorale; parfois, en revanche, dans les terres chaudes, quelques mètres carrés seulement, plantés de cannes ou de bananiers. Il convient donc de prendre l'expression dans son sens littéral, qui est tout uniment « culture », « domaine rural », quelle que soit l'importance du domaine ou de la culture.

Nous arrivions à l'hacienda comme le soir tombait, après quatre heures de marche extrêmement pénible. Donner un aperçu des sentiers de la Sierra dans la région chaude, pendant la saison des pluies, est chose impossible. Il faut avoir gravi ces coulées de terre mouvante et grasse où nul caillou n'offre un appui au sabot de la mule, avoir roulé avec sa monture dans la boue gluante, s'être enlisé jusqu'à la ceinture dans les bourbiers masqués par une végétation traîtresse, pour se faire une idée des épreuves endurées. Je n'y insisterai donc pas et préfère ne me rappeler que la majesté des bois sous lesquels nous cheminions. Plusieurs fois par heure, il fallait franchir à gué quelque torrent bondissant d'un vallon latéral. Ces eaux n'avaient plus la teinte sale du Guayas. C'étaient la fraîcheur et la limpidité du ruisseau alpestre,

LE CHIMBORAZO VU DU PLATEAU DE TAPI.

au lit encombré, non de rochers, mais d'arbres morts, géants ensevelis dans un linceul d'écume. A cinquante pieds au-dessus de nos têtes, les lianes reliant les maîtresses branches étendaient leurs guirlandes. Ici, deux colosses inclinés s'étreignaient au-dessus du torrent. Plus loin, c'était un câble presque invisible jeté d'une rive à l'autre, fil d'araignée vacillant à la moindre brise, escarpolette où jouaient des singes ; et, sur les lianes, sur les rameaux, partout, des grappes de ces orchidées énormes, moins appréciées peut-être du collectionneur que les parasites de terre tempérée, mais autrement décoratives. J'ai vu des sites aussi remarquables, mais rien qui surpassât en ce genre les forêts riveraines du rio Chimbo.

La nuit fut exécrable. La lumière à peine éteinte, une armée de cancrelats se mit en campagne et prit sur nous ses ébats comme en pays conquis. Nous étions quatre dans l'étroit réduit, y compris le propriétaire du logis. A la nuit close, un autre voyageur, dans une tenue encore plus piteuse que la nôtre, était venu demander asile. C'était un petit curé d'un village des Plateaux qui descendait à la côte. Forcé, une heure auparavant, d'abandonner sa monture qui s'était rompu une jambe, il arrivait tête nue, boueux, ses longues bottes crevées, les éperons tordus, le poncho en lambeaux, mais malgré tout de bonne humeur. Après avoir, de grand appétit, pris sa part d'une *tortilla* aux piments arrosés d'eau claire et de l'abominable *borracha*, il s'allongeait près de moi sur le plancher, en s'écriant du ton d'un homme satisfait de la vie :

— Et maintenant, señor, une cigarette.

L'arriero et les mules s'étaient blottis dans la distillerie. Il n'eût pas été prudent de laisser les animaux dehors, de crainte des bêtes fauves et du temps qui menaçait. De fait, à partir de minuit, la tempête se déchaîna et dura jusqu'au jour.

L'étape suivante, coupée d'une très courte halte, fut de onze heures, en pays désert, sans rencontrer âme qui vive ; onze heures de lutte dans l'épais fourré, d'escalades, de chutes, de glissades. Deux fois ma bête, perdant l'équilibre, se renversa sur moi. Au passage d'un gué, la mule de charge fut entraînée par le courant sur une distance de plus de cent mètres, et nous eûmes toutes les peines du monde à la dégager. Nous redoublions d'efforts, éperonnés par l'approche du crépuscule, si court sous ces latitudes. Enfin, juste à l'instant où le soleil disparaissait, nous débouchions sur un étroit plateau gazonné d'où le regard embrassait un horizon admirable, les vallées inférieures complètement noyées, les sommets émergeant comme autant d'îles au-dessus d'un océan de vapeurs.

Adossée à la montagne, une masure de branchages et de terre abritait une famille indienne dont le troupeau de chèvres et de moutons se dirigeait vers l'enclos palissadé qui le protège pendant la nuit.

L'Indien, même l'Indien civilisé de la Sierra, est le plus souvent d'humeur soupçonneuse. L'adoucissement des mœurs n'a pu faire disparaître ce trait de caractère qui s'accuse de plus en plus à mesure que l'on pénètre chez les populations très retirées. Le voyageur, fût-il fils du pays, est accueilli avec une curiosité méfiante. Quel est ce nouveau venu ? Quel mal peut-il nous faire ? N'abusera-t-il pas de ses armes pour nous rançonner, voler notre bétail, nos poules ?... La démarche fuyante, le regard de côté expriment cette idée avec autant d'éloquence que si le pauvre diable pensait tout haut. Que ce sentiment soit ou non justifié par les abus dont ces malheureux ont pu être victimes, il n'en est pas moins général et ne devra jamais être perdu de vue par celui qui veut parcourir ces contrées. La meilleure politique consistera, dès l'arrivée, à prévenir tout soupçon par un cadeau anticipé, soit en monnaie, soit en menus objets, tels que couteaux, ciseaux, chapelets, médailles, foulards aux nuances vives. L'indigène révélera aussitôt le fond de son caractère obligeant et hospitalier. C'est en vertu de ce principe, dont l'observation m'a toujours réussi par la suite, qu'après avoir mis pied à terre et avant qu'une seule parole eût été échangée, je me dirigeai vers le plus âgé de la maisonnée, un vieil Indien perclus, rhumatisant, accroupi sur le seuil devant un feu de branches, et laissai tomber dans son poncho quelques réaux. Immédiatement la physionomie du vieux s'éclaira. Il se souleva, non sans peine, et désigna sa cabane en disant :

— Dieu vous amène, señor... voilà votre maison.

Le charme était rompu. Le reste de la famille, qui s'était tenu prudemment à l'écart, accourut, les bambins aidant à desseller les bêtes, attisant le feu, tandis que les aînés déblayaient dans l'unique pièce du logis un espace suffisant pour y déposer le bagage et les harnachements. Néanmoins la vermine y pullulait à tel point que je me déterminai à passer la nuit en plein air, roulé dans ma couverture. Bientôt nos hôtes nous apportaient, avec leur plus gracieux sourire, une poule, une grande écuelle de lait de brebis et une ample provision de patates douces.

Nous étions parvenus à une altitude de 1,700 mètres, sur la limite des grandes forêts et de la région des pâturages. Ortiz me désigna le sentier que nous devions suivre le lendemain, dans la direction d'une échancrure ouverte vers le nord-est.

La nuit venue, l'air fut très vif. Une buée diaphane, humide et pénétrante, montait des profondeurs boisées et ajoutait à l'étrangeté du paysage éclairé par la pleine lune. Mes hommes empilèrent sur le foyer des souches pour entretenir la braise jusqu'au matin. Un peu plus tard, toute la famille se rassembla sous le porche, sur un rang, le visage tourné vers la plaine, les femmes et les enfants les mains jointes. Le vieux, seul debout, récitait dans l'idiome indigène une sorte de prière du soir, sur un rythme chantant de litanie. Les autres, après chaque couplet, répétaient en refrain à l'unisson : *Santa Maria! Santa Maria!* Prêt à m'endormir, je distinguais encore leurs voix montant dans la nuit fraîche.

L'aube nous révéla un désastre. L'une des mules gisait inerte, sous le coup d'une congestion. Par bonheur, tout arriero est quelque peu vétérinaire. Le nôtre s'approcha de l'animal et lui ouvrit, à la pointe du couteau en guise de lancette, une veine du cou. L'opération fut couronnée d'un plein succès. La bête, soulagée d'une pinte de sang, se releva, s'ébroua, reçut sa charge, et l'on se mit en route.

Nous ne fîmes pas beaucoup de chemin ce jour-là. Après quatre heures consécutives de marche en zigzag sur des pentes extrêmement raides, une brume intense nous enveloppa, et il devint fort difficile de se diriger. Bientôt une pluie diluvienne acheva de détremper le sol, et les culbutes recommencèrent sur toute la ligne. Les bêtes n'en pouvaient plus. Le brouillard de plus en plus dense ne me permettait pas de distinguer les oreilles de la mule. Avancer, c'était s'exposer à choir dans un abîme. Aussi ne fus-je point surpris quand le muletier, buttant contre un tas de roseaux, s'arrêta net, déclarant qu'on ne pouvait aller plus loin. A dire vrai, la perspective de passer une demi-journée et une nuit assis sur une meule de joncs, dans ce désert, sous l'averse devenue glaciale, n'avait rien d'engageant. Mais voici que soudain les longues herbes s'écartèrent, une forme humaine en sortit, et une voix nous cria :

UN AGUADOR A LA FONTAINE.

— *Caballero, no sirve andar mas. Hagame el favor de parar à mi casucha!*

« Cavalier, inutile de marcher davantage. Faites-moi la grâce de vous arrêter à ma cahute. »

Ce que, dans la brume, j'avais pris pour un tas d'herbes était un abri rustique, et mon interlocuteur un hacendado des environs d'Alausi, qui venait inspecter ses troupeaux. Surpris par l'orage dans ce district lointain, il me conviait à me réfugier avec lui dans la cabane de son *vaquero*.

On m'eût bien étonné cinq minutes auparavant, en me prédisant que cette journée d'attente sous un toit de paille transpercé par la pluie ne me paraîtrait point démc-

AGUADOR REMPLISSANT UNE TINAJA.

surément longue. Il en fut ainsi pourtant : je devais garder bon souvenir de la cabane et de l'hôte. Rarement ai-je observé con-

QUITO. — ORATOIRE A L'ANGLE DE LA PLAZA MAYOR.

traste plus tranché et aussi plaisant entre l'extérieur d'une personne et son genre d'existence. J'avais devant moi un homme entre deux âges, aux traits fins, appartenant, je n'en pouvais douter, à la race espagnole pure de tout mélange, et qui, dans son accoutrement de pauvre, sous le feutre difforme, la cape montrant la corde, conservait le port de tête et la tournure d'un grand seigneur. Nous passâmes la journée et la nuit allongés autour d'un maigre feu dont la fumée, en dépit d'un trou ménagé dans la toiture, nous aveuglait, à écouter ruisseler la pluie, et le vent faire rage.

III

QUITO.

Il n'y a point d'hôtel à Quito. On est reçu chez ses amis. Pour le nouveau venu, peu fait encore aux coutumes hospitalières du pays, qui craint d'être indiscret ou préfère conserver son indépendance, il y a le signor Piati. Le signor Piati est un Italien exerçant le noble métier de propriétaire, et dont les immeubles sont, en raison de leur bonne tenue, assez recherchés de la colonie étrangère. Après en avoir visité plusieurs et m'être promené à sa suite dans les différents quartiers de la ville, nous nous arrêtâmes devant une maison peinte en bleu tendre, disposée à la mauresque, avec un *patio* intérieur tout fleuri, entouré d'une galerie où grimpait la vigne folle. Bientôt, je me trouvai, moyennant la modique somme d'une piastre par jour, l'heureux locataire d'une chambre spacieuse comme une église et fort décemment meublée.

Il suffit, pour se convaincre de l'étroite relation qui existe ici entre la vie civile et la vie religieuse, d'un simple coup d'œil jeté sur la ville du haut du *Panecillo*. Faisons-en donc l'ascension ; c'est l'affaire d'une demi-heure.

Cette colline située au sud, à moins d'un quart de lieue, doit son nom à sa forme, qui rappelle en effet celle d'un pain de sucre. La pointe en fut rasée par les anciens maîtres du sol pour y élever le palais du souverain et le temple du Soleil. Du palais et du temple, il ne reste qu'un puits à moitié comblé et quelques assises. Si la place est de peu de valeur pour l'archéologue, elle est inappréciable pour qui désire étudier dans son ensemble la topographie curieuse, l'originale physionomie de la capitale andine. On sait que celle-ci se trouve, à très peu de chose près, sous la ligne équinoxiale, sa position exacte étant par 0° 14', de latitude sud, et que son altitude atteint, sur certains points, trois mille mètres, — celle de la plaza Mayor est exactement de deux mille huit cent cinquante ; — enfin, qu'elle est bâtie sur les pentes du volcan Pichincha. Ces pentes fort raides sont sillonnées de profondes *quebradas*, ravins parallèles creusés par les eaux provenant de la fonte des neiges ou par les coulées de lave. Sur ce sol inégal, on a jeté une ville au plan correct dont les rues se coupent presque toutes à angle droit comme dans la plupart des cités des deux Amériques. L'effet produit est bizarre. Qu'on se figure — l'image est vulgaire, mais rend fidèlement ma pensée — un morceau d'étoffe quadrillée négligemment déroulée, bouffante, creusée de longs plis où s'embrouilleraient les lignes régulières du dessin. Les rues, sans dévier de la ligne droite, se soulèvent et s'abîment ; elles plongent au fond d'un vallon, escaladent une crête, et cette configuration tourmentée qui corrige l'uniformité du plan met dans les cases de cet échiquier monotone un peu de désordre pittoresque. L'horizon, fermé du côté de l'ouest par la muraille sombre et dentelée du Pichincha, s'étend très loin au nord, à l'est, au sud, par une succession de coteaux étagés jusqu'aux glaciers du Cayambe, du Sara Urco et de l'Antisana.

Mais ce qui frappe plus encore que la grandeur du site, la transparence de l'air, la lumière épandue, c'est la multitude d'églises, de chapelles, d'oratoires. dômes, coupoles, clochers et clochetons, campaniles de toute taille et tout style ; ce sont les vastes enclos des couvents, les innombrables cloîtres où le regard plonge et entrevoit, dans un trou de verdure, la ligne fuyante des arcades ; ce sont les notes piquées des cloches, des carillons lancés à la volée, une rumeur, un vague murmure emplissant l'espace comme le susurrement confus qui, dans les temples, monte d'une foule agenouillée. On a devant soi, non pas une vieille colonie, mais un pur fragment de l'Espagne du seizième siècle. Il n'y eut point ici colonie, dans le sens actuel du terme, agglomération d'éléments épars, mais transport d'une société tout entière, avec ses mœurs, ses coutumes, ses traditions féodales et religieuses. Telle elle est venue, telle elle est restée dans l'isolement farouche des montagnes, d'une fidélité inconsciente au passé, en dépit d'elle-même et des convulsions politiques. L'esprit moderne n'en a remué que la surface, de même que l'ouragan n'agite pas les profondeurs des mers. Le véritable caractère de la métropole équatorienne se révèle au premier regard jeté sur elle du haut des collines. Quito, c'est un sanctuaire au sommet des Andes ; c'est l'église la plus près du ciel.

Énumérer tous ces monastères serait une entreprise de longue haleine. On en compte une cinquantaine, chiffre respectable pour une population qui n'excède pas quarante mille âmes. Ils ne gagnent point à être vus de près. Ce sont autant de labyrinthes, un dédale de bâtiments disparates dépourvus de style, presque tous dans un délabrement lamentable. Un seul, celui des Augustins, possède une belle relique de sa splendeur passée, son cloître décoré d'anciennes boiseries d'un travail admirable. Ces boiseries encadrent des peintures qui, bien que fort dégradées, offrent quelque intérêt : elles sont l'œuvre d'un artiste du pays, Miguel de Santiago, mort il y a deux siècles, sans avoir jamais visité l'Europe, et dont le nom n'est guère connu en dehors de sa ville natale. Il méritait mieux, et telle de ses toiles ferait bonne figure dans un musée.

L'une entre autres, la *Naissance de saint Augustin* rappelle les plus exquises inspirations de l'école de Séville. Où donc cet homme apprit-il les éléments de son art? Il n'avait connu les maîtres que par de rares tableaux apportés d'Espagne et quelques estampes. On se demande ce qu'une nature aussi bien douée n'eût pas produit, si la destinée lui eût permis de se mêler au mouvement artistique du vieux monde. La chapelle renferme un *Jugement dernier* du même peintre. Malheureusement l'obscurité de la nef ne permet pas de juger le tableau, que l'on dit remarquable. Mais dans quel état tout cela est-il, grand Dieu! Déchiré, crevé, flétri par l'air et l'humidité. La bise qui s'engouffre dans les corridors sombres achève le désastre. Désirant garder de cette œuvre moribonde, qui demain n'existera plus, quelque souvenir, fût-ce une méchante photographie, il me fallut, juché sur une échelle, plusieurs heures de travail patient pour rajuster tant bien que mal les lambeaux pendants de la toile. Les moines me regardaient faire, souriants et surpris, ne comprenant guère que l'on s'arrêtât à ces bagatelles.

Le plus vaste des couvents est celui de San-Francisco. La façade imposante et massive, précédée d'une terrasse monumentale où l'on accède par une double rampe, occupe tout un côté d'une grande place. L'édifice, par les dimensions et la sévérité des lignes, tient de la caserne et de l'hôtel. Ces dehors ne sont pas tout à fait trompeurs. A dire vrai, la maison est hospitalière et reçoit toute l'année, notamment à l'époque du carême, une nombreuse clientèle. Une portion considérable des bâtiments est aménagée en petites cellules numérotées comme des chambres d'auberge, mais plus sommairement meublées, dans lesquelles, deux fois l'an, les gens du monde viennent faire une saison de méditation et de prière. Ces retraites dans les monastères sont d'un usage constant, surtout à l'approche des grandes fêtes.

La place de San Francisco, où se tient le marché, est d'une animation bariolée. C'est, de six heures à midi, un encombrement de mules et de bêtes à cornes, une ville improvisée, un monde de vendeurs et de vendeuses accroupis sous de grands parasols de paille, immobiles, graves, au milieu des produits apportés de leur village lointain : légumes et fruits, poteries, nattes, harnais de mules, cotonnades grossières de Chillo. Il y a là de pauvres diables qui ont cheminé toute une nuit pour venir vendre deux douzaines d'œufs, une paire de sandales ou d'étriers de bois. J'en ai vu qui voyageaient depuis quatre jours avec leur âne chargé d'un rouleau de nattes de jonc pouvant valoir trois piastres. Beaucoup sont venus et s'en retourneront les mains vides, en amateurs. L'Indien de la Sierra a la passion du marché, semblable en cela à l'Arabe, qui ne reculera pas devant une marche de plusieurs lieues dans la poussière pour se rendre à l'une de ces assemblées, sans projet

QUITO. — PORTE SAN DOMINGO.

arrêté, sans besoin, par curiosité pure, et regagnera son douar après avoir fait emplette d'un paquet de cigarettes. Un jour, il m'arriva de croiser, dans la pampa, un paysan monté sur sa mule et portant en sautoir une paire de poulets liés par les pattes. On causa.

— Où vas-tu, Cholo?
— A Catacachi, señor, vendre mes *gallinas*.

L'endroit dont il parlait était à trois heures de là, au trot d'un bon cheval.

— Eh bien, lui dis-je, ce n'est pas la peine. Je te les achète.
— *No se puede, señor*.
— Comment! Ça ne se peut pas?... Pourquoi non?
— Señor, je porte ces *gallinas* au marché.
— Mais si je te les paye plus cher qu'au marché...
— Señor...
— Tu me les vends et tu rentres chez toi.
— *No se puede*.

Décidément, ça ne se pouvait pas. Il passa outre. Mon gaillard voulait se donner le change à lui-même et se garder un bon prétexte pour courir la pretentaine.

C'est aussi devant San Francisco que s'assemble, dans la matinée, autour de la fontaine qui orne le centre de la place, la corporation des *aguadores*. Le porteur d'eau de Quito, à la différence de son paresseux confrère de Guayaquil, opère lui-même sans le secours d'une bourrique. Son attirail consiste en une jarre de grès très haute, au col très évasé, de taille à contenir une quarantaine de litres. Il la porte sur le dos, dans un filet de cuir garni de fortes bretelles. On dirait une énorme verrue plantée sur l'échine et la nuque du pauvre homme. Jamais il ne se détache de sa cruche, soit pour la remplir, soit pour la vider chez le client. Le dos tourné au bec de la fontaine, il suit de l'oreille le mouvement ascendant du liquide, et décampe au moment précis où il va déborder. Arrivé chez vous, il s'approche de la *tinaja*, grande amphore qui sert de réservoir, fait une profonde révérence... et fond en eau. Je n'ai jamais pu recevoir sans rire la visite de mon aguador, cet homme respectueux dont le salut s'achevait derrière une cataracte.

Ce qui surprend de prime abord, c'est le calme, je dirai presque le silence de ces assemblées populaires. N'y cherchez pas le glapissement aigre des bazars d'Orient ou des marchés de la Polynésie. L'habitant des Cordillères, à moins d'être sous l'influence de l'alcool, n'a pas la joie bruyante. Est-il même jamais joyeux? On ne saurait dire. Ses grands yeux noirs ont la sérénité des horizons mélancoliques. Peu ou point de cris, encore moins de gros mots; une recherche de vocabulaire qui rendrait rêveuse une dame des Halles.

Une servante, brune comme l'Erèbe, accoste une marchande de nuance aussi foncée. On échange une révérence, et le dialogue suivant s'engage :

— Señora, voulez-vous me *faire la grâce* de me vendre ce potiron?
— Il est à votre disposition, señora.

IV

A Quito, l'unique distraction, en dehors des fêtes religieuses, des processions, des visites aux églises et des combats de taureaux, qui ont lieu le samedi, c'est la promenade sur la plaza Mayor, de quatre à six heures de l'après-midi. Autour de la place, assez vaste, ornée d'un petit square, s'élèvent la cathédrale, la maison municipale, le palais de l'archevêque et celui du gouvernement, ces trois derniers édifices soutenus par des arcades. Deux fois la semaine, le mercredi et le samedi, on peut y contempler une scène originale : le départ de la poste. Devant le bureau attendent trois ou quatre mules. Chacune reçoit deux sacs de dépêches. Voici un courrier, un gaillard taillé en Hercule, armé en guerre, la carabine en travers de la selle. Il saute sur son cheval et chasse devant lui les bêtes qui détalent avec un fracas de clochettes. Cet homme conduira la poste d'une traite jusqu'à la côte, cheminant jour et nuit, ne s'arrêtant que de loin en loin quelques minutes pour relayer. Il atteindra ainsi en quatre jours la petite ville de Babahoyo, sur la rivière, d'où une chaloupe à vapeur le transportera en trois ou quatre heures à Guayaquil. Le voyage est d'environ cent lieues, dont une moitié par l'un des plus effroyables passages de la Sierra, le sentier du Torneado. Un pareil métier exige un tempérament de fer, un sang-froid à toute épreuve, prêt à affronter non seulement les aspérités d'un chemin désert qui côtoie les précipices, mais parfois l'attaque des bandits. Peu de jours avant mon arrivée, un des courriers avait été égorgé et dévalisé sur le col sauvage de l'Arenal. Celui-ci pourtant s'en va seul, à la nuit tombante, insouciant, la cigarette aux lèvres. Chaque voyage lui est payé cent piastres, ce qui lui vaut par mois près d'un millier de francs, appointements respectables, mais sans contredit chèrement gagnés.

Sur cette place, au mois de mars 1875, un homme d'Etat dont l'Equateur a droit d'être fier, le président Garcia Moreno, tombait frappé d'un coup de poignard comme il sortait de l'église. Figure intéressante, qui résume, dans son expression la plus affinée, le caractère complexe de la race, mélange de soumission religieuse et d'instincts dominateurs, de grâce chevaleresque et d'inexorable rigueur. Patriote ardent, esprit cultivé, il avait rapporté des écoles d'Europe, avec une étendue de connaissances qui l'imposait au respect de ses concitoyens, l'ambition d'arracher son pays à l'anarchie. Peut-être eût-il réussi. Ce qui est indéniable, c'est que, durant ses deux présidences, il rétablit un peu d'ordre dans les finances, amortit une partie de la dette, entreprit d'organiser l'instruction publique et de construire une route qui devait relier la capitale à la côte. Sa mort arrêta net l'impulsion civilisatrice : l'œuvre à peine commencée tombe en ruine; mais ses débris attestent le mérite de la tentative, l'importance de la tâche accomplie en quelques années par cette volonté sans défaillance. Ce dictateur, qui poursuivait son but avec une obstination farouche, fut un homme intègre et mourut pauvre, laissant à peine de quoi faire élever son fils. Son souvenir, en dépit des haines de parti, des ressentiments soulevés par une répression souvent impitoyable, est demeuré vivace et plutôt sympathique. L'imagination populaire s'en est emparée comme d'une légende. On compte, à qui veut les entendre, les prouesses de l'intrépide cavalier, ses coups d'audace, son désintéressement et sa piété. Il n'est tête jeune ou grise qui n'en rêve, sous le feutre ou sous la mantille. Il n'est cercle intime où ne glisse, à l'heure de la veillée, l'ombre de celui que l'on appelait familièrement : *Don Gabriel*.

Marcel MONNIER.

CABANE DE VAQUERO.

www.ingramcontent.com/pod-product-compliance
Lightning Source LLC
Chambersburg PA
CBHW060555050426
42451CB00011B/1920